সান্তার সাথে যোগব্যায়াম

মার্সি শ্যাফ

Bengali / English Bilingual

Table of Content

Santa's getting ready for his busiest night of the year–but this time, he's trying something new! Before delivering gifts to kids all over the world, Santa and Mrs. Claus roll out the yoga mats and practice some jolly stretches and poses.

From reindeer twists to candy cane bends, Santa learns how yoga makes him feel stronger, more flexible, and full of energy! Join Santa on his yoga journey as he finds a fun way to prepare for his magical Christmas Eve adventure.

Ho ho ho–let's flow!

Get ready to stretch, giggle, and feel the holiday spirit with Yoga with Santa!

BOOKS BY SCHAAF

সান্তা বছরের সবচেয়ে ব্যস্ততম রাতের জন্য প্রস্তুতি নিচ্ছে — কিন্তু এবার, সে নতুন কিছু চেষ্টা করছে! সারা বিশ্বের বাচ্চাদের উপহার দেওয়ার আগে, সান্তা এবং মিসেস ক্লজ যোগ ম্যাট তৈরি করে এবং কিছু মজাদার স্ট্রেচ এবং ভঙ্গি অনুশীলন করে।

রেইনডিয়ারের মোচড় থেকে শুরু করে ক্যান্ডি বেতের মোচড় পর্যন্ত, সান্তা শিখেছে কিভাবে যোগব্যায়াম তাকে আরও শক্তিশালী, আরও নমনীয় এবং শক্তিতে ভরপুর করে তোলে! সান্তার যোগ যাত্রায় যোগ দিন, কারণ সে তার জাদুকরী ক্রিসমাস ইভ অ্যাডভেঞ্চারের জন্য প্রস্তুতি নেওয়ার একটি মজাদার উপায় খুঁজে পায়।

হো হো হো — চল প্রবাহিত হই!

সান্তার সাথে যোগব্যায়ামের মাধ্যমে শরীর ঝাঁপিয়ে পড়ার, হাসিমুখে কাটানোর এবং ছুটির আমেজ অনুভব করার জন্য প্রস্তুত হোন!

Yoga with Santa

Santa was getting ready for his biggest night of the year.

সান্তা তার বছরের সবচেয়ে বড় রাতের জন্য প্রস্তুতি নিচ্ছিল।

But this year, Santa felt a bit stiff from sitting all day.

কিন্তু এই বছর, সারাদিন বসে থাকার
কারণে সান্তা একটু শক্ত বোধ করছিল।

Mrs. Claus said "Yoga will make you feel flexible and strong again!"

মিসেস ক্লজ বললেন, "যোগব্যায়াম তোমাকে আবার নমনীয় এবং শক্তিশালী বোধ করাবে!"

So Santa rolled out a mat and began with a simple stretch.

তাই সান্তা একটা মাদুর বের করে
একটা সহজ স্ট্রেচিং দিয়ে শুরু করল।

First, Santa reached his arms high,
stretching toward the North Star.

প্রথমে, সান্তা তার বাহু উঁচু করে উত্তর তারার দিকে প্রসারিত করল।

Next, Santa bent down, touching his toes like a candy cane.

এরপর, সান্তা নিচু হয়ে তার পায়ের
আঙ্গুলগুলো ক্যান্ডি বেতের মতো স্পর্শ
করল।

He then twisted his waist like a pretzel.
"Feeling looser already!"

তারপর সে প্রেটজেলের মতো কোমরটা মুচড়ে বলল, "ইতিমধ্যেই নিজেকে আরও দুর্বল মনে হচ্ছে!"

Santa balanced on one leg, pretending to be a tall Christmas tree.

সান্তা এক পায়ে ভর দিয়ে দাঁড়িয়ে আছে,
লম্বা ক্রিসমাস ট্রির ভান করছে।

"Whoa!" he said, wobbling a little, "This is harder than I thought!"

"ওহ!" সে একটু টলমল করে বলল, "এটা
আমার ধারণার চেয়েও কঠিন!"

Santa did the reindeer pose, crouching low and stretching his back.

সান্তা রেইনডিয়ারের ভঙ্গি করলো, নিচু হয়ে
পিঠ টান দিয়ে।

"Dasher and Dancer always so quick–
maybe this will help us too!"

"ড্যাশার এবং ড্যান্সার সবসময় এত দ্রুত -
হয়তো এটি আমাদেরও সাহায্য করবে!"

Prancer lifted his arms, pretending to fly like his sleigh in the night sky.

রাতের আকাশে তার স্লেই গাড়ির মতো উড়ার ভান করে প্রান্সার তার হাত তুলল।

Next was the snowman pose, where Frosty stood tall and round.

এরপর ছিল তুষারমানবের ভঙ্গি, যেখানে ফ্রস্টি লম্বা এবং গোলাকার হয়ে দাঁড়িয়ে ছিল।

"Ho ho ho!" Santa laughed.
"Look at Frosty!"

"হো হো হো!" সান্তা হেসে উঠল।
"ফ্রস্টি দেখো!"

"I feel great!" Santa said.
"I'm ready to take on Christmas Eve!"

"আমার খুব ভালো লাগছে!" সান্তা বলল। "আমি ক্রিসমাসের আগের দিনটি গ্রহণ করতে প্রস্তুত!"

But then, Santa tried the downward reindeer pose and tumbled over!

কিন্তু তারপর, সান্তা নিচের দিকে বল্গাহরিণের ভঙ্গি করার চেষ্টা করল এবং পড়ে গেল!

"Oops!" Santa chuckled, "Guess I need more practice with that one!"

"উফ!" সান্তা হেসে বলল, "মনে হচ্ছে ওটা দিয়ে আমার আরও অনুশীলনের প্রয়োজন!"

"Yoga makes me feel calm and strong, just what I need tonight."

"যোগব্যায়াম আমাকে শান্ত এবং শক্তিশালী বোধ করায়, আজ রাতে আমার এটাই প্রয়োজন।"

Santa then hopped into his sleigh, feeling energized and flexible.

সান্তা তখন তার স্লেই গাড়িতে লাফিয়ে উঠল, উজ্জীবিত এবং নমনীয় বোধ করছিল।

The reindeer galloped through the sky,
pulling Santa and his gifts.

বল্গাহরিণটি আকাশে ছুটে বেড়াচ্ছিল, সান্তা এবং তার উপহারগুলিকে টেনে নিয়ে যাচ্ছিল।

He crouched down easily to fill stockings
and place gifts under trees.

সে সহজেই ঝুঁকে পড়ল মোজা ভর্তি করার
জন্য এবং গাছের নিচে উপহার রাখার জন্য।

Even climbing chimneys seemed easier after his yoga practice!

যোগব্যায়ামের পর চিমনি বেয়ে ওঠাও
সহজ মনে হয়েছিল!

"Ho ho ho!" Santa laughed. "Yoga was the perfect idea!"

"হো হো হো!" সান্তা হেসে উঠল।
"যোগব্যায়াম ছিল নিখুঁত ধারণা!"

By the time Santa finished, he still had plenty of energy to spare.

সান্তার কাজ শেষ হওয়ার
আগেই, তার কাছে এখনও
প্রচুর শক্তি অবশিষ্ট ছিল।

He returned to the North Pole and stretched one more time.

সে উত্তর মেরুতে ফিরে এসে আরও
একবার প্রসারিত হল।

"I'm glad I tried yoga," Santa said. "It made Christmas even merrier!"

"আমি যোগব্যায়াম করতে পেরে খুশি," সান্তা বলল। "এটা ক্রিসমাসকে আরও আনন্দময় করে তুলেছে!"

"Next year, I'll teach the reindeer and elves yoga too!" Santa declared.

"পরের বছর, আমি বল্গাহরিণ এবং এলভদেরও যোগব্যায়াম শেখাবো!" সান্তা ঘোষণা করল।

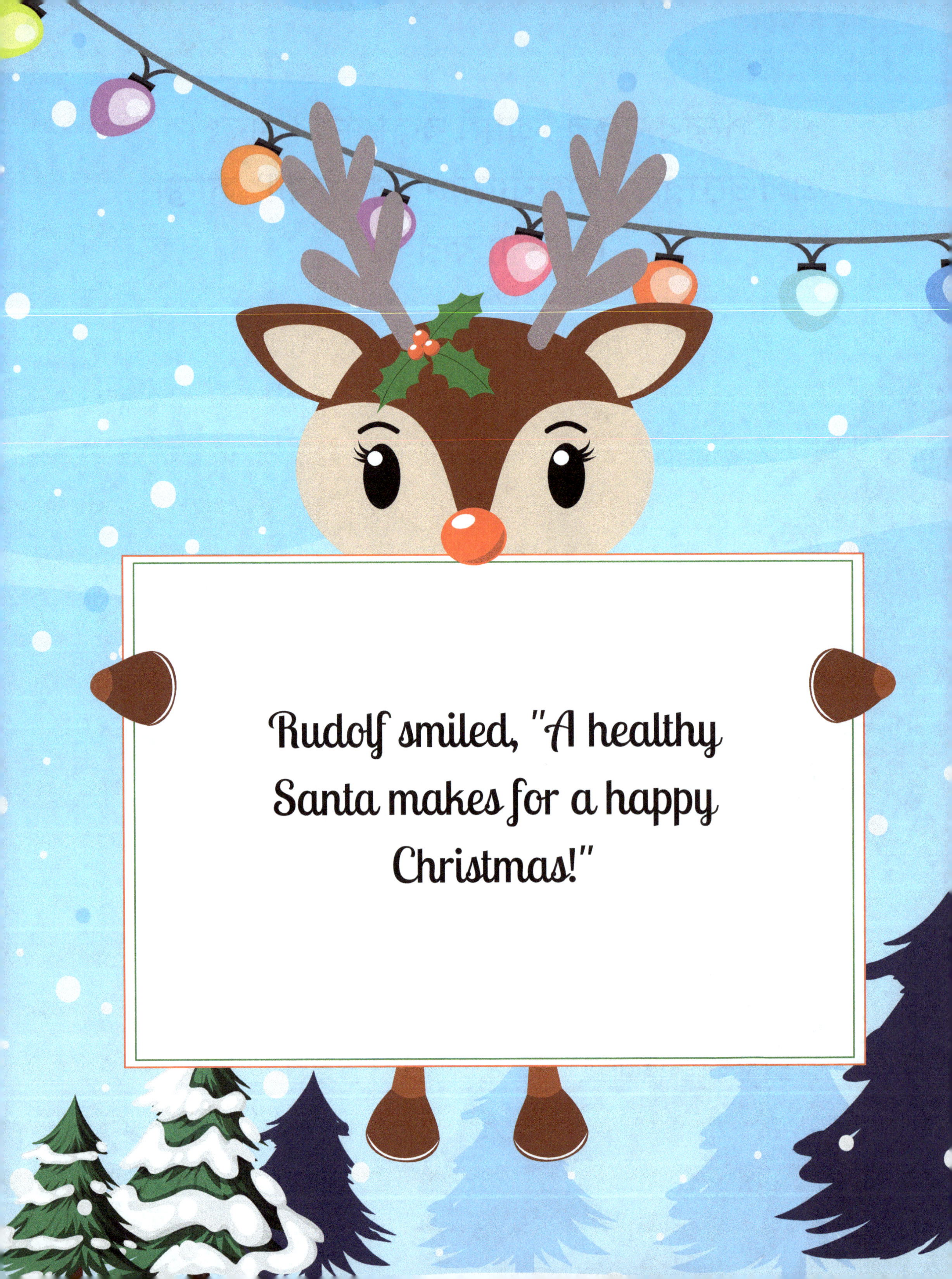

Rudolf smiled, "A healthy Santa makes for a happy Christmas!"

রুডলফ হেসে বললেন,
"একটি সুস্থ সান্তা একটি
আনন্দময় বড়দিনের জন্য
অপেক্ষা করছে!"

And from then on, Santa practiced yoga every holiday season!

আর তারপর থেকে, সান্তা প্রতি ছুটির
মরসুমে যোগব্যায়াম অনুশীলন করত!

Activity Guide for Yoga with Santa

This guide is designed to help children and families enjoy the magic of

"Yoga with Santa"through fun activities that combine storytelling, movement, andcreativity. Get ready to join Santa on his yoga journey with these engaging, holiday-themed exercises!

1. **Holiday Yoga Poses**

After reading, try the yoga poses featured in the book! Each pose represents a holiday theme, making it easy for kids to visualize and imitate Santa's movements.

- **North Star Stretch:** Stand tall, reach arms to the sky, stretching toward the "North Star."

সান্তার সাথে যোগব্যায়ামের জন্য কার্যকলাপ নির্দেশিকা

এই নির্দেশিকাটি শিশু এবং পরিবারগুলিকে এর জাদু উপভোগ করতে সাহায্য করার জন্য তৈরি করা হয়েছে

"সান্তার সাথে যোগব্যায়াম" গল্প বলা, নড়াচড়া এবং সৃজনশীলতার সমন্বয়ে মজাদার কার্যকলাপের মাধ্যমে। এই আকর্ষণীয়, ছুটির থিমযুক্ত অনুশীলনের মাধ্যমে সান্তার যোগ যাত্রায় যোগ দিতে প্রস্তুত হোন!

EXTRA BONUS

১. ছুটির যোগব্যায়ামের ভঙ্গি পড়ার পর, বইটিতে উল্লেখিত

যোগব্যায়ামের ভঙ্গিগুলো চেষ্টা করে দেখুন!
প্রতিটি ভঙ্গি একটি ছুটির থিম উপস্থাপন করে, যা বাচ্চাদের জন্য সান্তার গতিবিধি কল্পনা এবং অনুকরণ করা সহজ করে তোলে।

- **নর্থ স্টার স্ট্রেচ: লম্বা হও, আকাশের দিকে হাত তুলো,** "উত্তর তারা" এর দিকে প্রসারিত।

- **Candy Cane Fold:** Bend forward and reach for your toes, creating a “candy cane” shape with your body.
- **Christmas Tree Balance:** Stand on one leg, arms out like tree branches, trying to balance without tipping.
- **Snowman Pose:** Stand with arms stretched out, then squat to resemble a round snowman.
- **Downward Reindeer Pose:** Start on all fours, then lift your hips to form an upside-down "V," like a reindeer ready to run.

Encourage children to hold each pose for a few breaths, pretending they’re on a snowy adventure with Santa.

2. **Yoga Countdown Calendar**

Create a countdown to Christmas with yoga! Make a holiday calendar where each day has a di erent yoga pose to try. Kids can draw or color each pose on a small card and stick it to the calendar. Count down to Christmas by doing a new pose each day, building excitement for Santa’s big night!

3. **Holiday Meditation for Kids**

Santa practices breathing and relaxation to stay calm and focused. Teach kids a simple holiday meditation:

- **Snowflake Breaths:** Imagine breathing in cool, fresh air like snowflakes falling softly. Close your eyes, take a deep breath, and feel calm and cozy, just like Santa resting at the North Pole.

- **ক্যান্ডি ক্যান ভাঁজ: সামনের দিকে ঝুঁকে আপনার পায়ের আঙ্গুলের কাছে পৌঁছান, আপনার শরীরের সাথে "ক্যান্ডি ক্যান" আকৃতি তৈরি করুন।**
- **ক্রিসমাস ট্রি ভারসাম্য: এক পায়ে দাঁড়ান, গাছের ডালের মতো হাত প্রসারিত করুন, নড়াচড়া না করে ভারসাম্য বজায় রাখার চেষ্টা করুন।**
- **স্নোম্যান পোজ: হাত প্রসারিত করে দাঁড়ান, তারপর গোলাকার তুষারমানবের মতো স্কোয়াট করুন। নিচের দিকে**
- **রেইনডিয়ার পোজ: চার হাত দিয়ে শুরু করুন, তারপর আপনার কোমর উল্টে "V" তৈরি করুন, যেন একটি রেইনডিয়ার দৌড়ানোর জন্য প্রস্তুত।**

বাচ্চাদের প্রতিটি ভঙ্গিতে কয়েকবার শ্বাস নিতে উৎসাহিত করুন, ভান করুন যেন তারা সান্তার সাথে তুষারময় অভিযানে নেমেছে।
২. যোগব্যায়ামের কাউন্টডাউন ক্যালেন্ডার যোগব্যায়ামের মাধ্যমে বড়দিনের জন্য একটি কাউন্টডাউন তৈরি করুন! একটি ছুটির ক্যালেন্ডার তৈরি করুন যেখানে প্রতিটি দিনের জন্য আলাদা আলাদা যোগব্যায়ামের ভঙ্গি থাকবে। বাচ্চারা একটি ছোট কার্ডে প্রতিটি ভঙ্গি আঁকতে বা রঙ করতে পারে এবং ক্যালেন্ডারে আটকে দিতে পারে। প্রতিদিন একটি নতুন ভঙ্গি করে বড়দিনের জন্য কাউন্টডাউন করুন, সান্তার বড় রাতের জন্য উত্তেজনা তৈরি করুন!
৩. বাচ্চাদের জন্য ছুটির ধ্যান সান্তা শান্ত এবং মনোযোগী থাকার জন্য শ্বাস-প্রশ্বাস এবং শিথিলকরণ অনুশীলন করে। বাচ্চাদের একটি সহজ ছুটির ধ্যান শেখান:

- **তুষারকণার শ্বাস: কল্পনা করুন শীতল, সতেজ শ্বাস নিচ্ছেন** তুষারকণার মতো বাতাস মৃদুভাবে পড়ছে। চোখ বন্ধ করুন, গভীর শ্বাস নিন এবং শান্ত এবং আরামদায়ক বোধ করুন, ঠিক যেন সান্তা উত্তর মেরুতে বিশ্রাম নিচ্ছে।

Encourage kids to use Snowflake Breaths anytime they need a moment to relax or refocus.

4. **Yoga with Santa Coloring Pages**

Create your own coloring pages featuring Santa and the holiday yoga poses. Kids can color Santa as he stretches, balances, and moves, decorating each page with festive colors and patterns. These pages can also be displayed as part of their holiday decorations!

5. **Write a Letter to Santa's Yoga Studio**

Encourage kids to write letters imagining Santa has his own yoga studio at the North Pole! They can ask questions about Santa's favorite poses or even share their favorite poses from the book. Decorate each letter with holiday stickers and drawings, creating a fun keepsake to celebrate Christmas and healthy movement.

6. **Yoga Pose Match Game**

Create flashcards of each yoga pose from the book and write the name of each pose on separate cards. Have kids match each pose with its name or create holiday scenarios for each pose, such as "Stretch like Santa reaching for a gift!" This game can reinforce memory and movement, helping kids remember the poses.

7. **Design Santa's Yoga Mat**

বাচ্চাদের যখনই বিশ্রাম নেওয়ার বা পুনরায় মনোযোগ দেওয়ার জন্য সময় প্রয়োজন তখনই স্নোফ্লেক ব্রেথ ব্যবহার করতে উৎসাহিত করুন।

৪. সান্তা রঙের পৃষ্ঠাগুলির সাথে যোগব্যায়াম সান্তা এবং ছুটির যোগব্যায়াম ভঙ্গি সমন্বিত আপনার নিজস্ব রঙিন পৃষ্ঠা তৈরি করুন। বাচ্চারা সান্তাকে প্রসারিত, ভারসাম্য এবং নড়াচড়া করার সময় রঙ করতে পারে, প্রতিটি পৃষ্ঠাকে উৎসবের রঙ এবং নকশা দিয়ে সাজাতে পারে। এই পৃষ্ঠাগুলি তাদের ছুটির সাজসজ্জার অংশ হিসাবেও প্রদর্শিত হতে পারে!

৫. সান্তার যোগ স্টুডিওতে একটি চিঠি লিখুন। বাচ্চাদের চিঠি লিখতে উৎসাহিত করুন, কল্পনা করুন যে উত্তর মেরুতে সান্তার নিজস্ব যোগ স্টুডিও আছে! তারা সান্তার প্রিয় ভঙ্গি সম্পর্কে প্রশ্ন জিজ্ঞাসা করতে পারে অথবা এমনকি বই থেকে তাদের প্রিয় ভঙ্গিগুলি ভাগ করে নিতে পারে। প্রতিটি অক্ষর ছুটির স্টিকার এবং অঙ্কন দিয়ে সাজান, বড়দিন উদযাপন এবং সুস্থ চলাফেরার জন্য একটি মজাদার স্মৃতি তৈরি করুন।

৬. যোগা পোজ ম্যাচ গেম বই থেকে প্রতিটি যোগা পোজের ফ্ল্যাশকার্ড তৈরি করুন এবং প্রতিটি পোজের নাম আলাদা কার্ডে লিখুন। বাচ্চাদের প্রতিটি পোজের নামের সাথে মিলাতে বলুন অথবা প্রতিটি পোজের জন্য ছুটির দৃশ্য তৈরি করতে বলুন, যেমন "সান্তা যেন উপহারের জন্য এগিয়ে আসছে!" এই গেমটি স্মৃতিশক্তি এবং নড়াচড়াকে শক্তিশালী করতে পারে, বাচ্চাদের পোজগুলি মনে রাখতে সাহায্য করে।

৭. সান্তার যোগ ম্যাট ডিজাইন করুন

Kids can design Santa's very own yoga mat with their favorite holiday themes. Have them draw or paint their dream mat, adding Christmas trees, snowflakes, and even reindeer! Display the mats or use them as a cozy place to practice their yoga poses.

8. **Yoga Storytime Adventure**

Turn reading time into a yoga session by doing each pose along with Santa as you read. Pause at each pose, encouraging children to follow Santa and practice the moves themselves. This interactive reading style will get kids moving while bringing the story to life.

9. **Family Holiday Yoga Session**

Gather family members for a holiday yoga session where everyone can join in the fun! Follow the book's story and poses, taking turns reading each page and trying out the yoga moves together. This is a wonderful way to make holiday memories and get everyone involved in staying healthy and active.

Enjoy the magic of the holiday season and remember to keep calm and flexible, just like Santa! Happy holidays and happy stretching!

বাচ্চারা তাদের পছন্দের ছুটির থিম দিয়ে সান্তার নিজস্ব যোগ ম্যাট ডিজাইন করতে পারে। তাদের স্বপ্নের ম্যাট আঁকতে বা রঙ করতে বলুন, ক্রিসমাস ট্রি, স্নোফ্লেক এবং এমনকি বলগা হরিণও যোগ করুন! ম্যাটগুলি প্রদর্শন করুন অথবা তাদের যোগব্যায়াম ভঙ্গি অনুশীলনের জন্য একটি আরামদায়ক জায়গা হিসাবে ব্যবহার করুন।

৮. যোগা স্টোরিটাইম অ্যাডভেঞ্চার পড়ার সময়কে যোগাসনে পরিণত করুন, পড়ার সময় সান্তার সাথে প্রতিটি ভঙ্গিতে কাজ করুন। প্রতিটি ভঙ্গিতে বিরতি নিন, বাচ্চাদের সান্তাকে অনুসরণ করতে এবং নিজেরাই চালগুলি অনুশীলন করতে উৎসাহিত করুন। এই ইন্টারেক্টিভ পড়ার ধরণটি গল্পটিকে জীবন্ত করে তোলার সাথে সাথে বাচ্চাদের নড়াচড়া করতে সাহায্য করবে।

৯. পারিবারিক ছুটির যোগব্যায়াম সেশন পরিবারের সদস্যদের একটি ছুটির যোগব্যায়াম সেশনে জড়ো করুন যেখানে সবাই আনন্দে যোগ দিতে পারে! বইয়ের গল্প এবং ভঙ্গি অনুসরণ করুন, পালাক্রমে প্রতিটি পৃষ্ঠা পড়ুন এবং একসাথে যোগব্যায়াম অনুশীলনগুলি চেষ্টা করে দেখুন। ছুটির স্মৃতি তৈরি করার এবং সবাইকে সুস্থ ও সক্রিয় থাকার জন্য জড়িত করার এটি একটি দুর্দান্ত উপায়।

ছুটির মরশুমের জাদু উপভোগ করুন এবং সান্তার মতো শান্ত এবং নমনীয় থাকতে ভুলবেন না! শুভ ছুটির দিন এবং শুভ স্ট্রেচিং!

BONUS GIFT

🎵 **Santa Yoga Time / Hora de Yoga com o Papai Noel**
Song in Audio book only

Verse 1 / Verso 1
Stretch up high, touch the sky,
Estique-se para o alto, toque o céu,
Reach for the North Star bright!
Alcance a brilhante Estrela do Norte!
Bend way down, toes to ground,
Abaixe-se bem, toque os dedos dos pés no chão,
Candy canes tonight!
Bengalas doces esta noite!
Twist and turn, feel the cheer,
Gire e vire, sinta a alegria,
Balance like a tree,
Equilibre-se como uma árvore,
Yoga makes our Santa strong
A ioga deixa nosso Papai Noel forte
For Christmas Eve, yippee!
Para a véspera de Natal, viva!

Verse 2 / Verso 2
Reindeer leap, prancing high,
Renas saltam, dançando alto,
Dashing through the snow,
Correndo pela neve,
Snowman smiles, standing tall,
Boneco de neve sorri, de pé e altivo,
Round from head to toe!
Redondo da cabeça aos pés!
Penguin waddle side to side,
Pinguim balança de um lado para o outro,
Sliding on the ice,
Deslizando no gelo,
Santa laughs with every pose,
Papai Noel ri com cada pose,
Oh, this feels so nice!
Ah, isso é tão gostoso!

BONUS GIFT

সান্তা যোগ সময়

গানটি শুধুমাত্র অডিও বইতে

শ্লোক ১ / শ্লোক ১ উঁচুতে উঠো, আকাশ ছুঁও, উজ্জ্বল উত্তর নক্ষত্রের দিকে হাত বাড়াও!
উজ্জ্বল উত্তর তারার জন্য পৌঁছান!
মাটিতে পা বাঁক, আজ রাতে ক্যান্ডি বেত!
আজ রাতে ক্যান্ডি বেত!
মোড় ঘুরিয়ে নাও, আনন্দ অনুভব করো, গাছের মতো দোল খাও, যোগব্যায়াম আমাদের সান্তাকে শক্তিশালী করে তোলে বড়দিনের আগের দিন, হ্যাঁ!
বড়দিনের আগের দিন, হুররে!

পদ ২ বল্গাহরিণ লাফিয়ে লাফিয়ে, উঁচুতে লাফিয়ে, তুষারের মধ্য দিয়ে ছুটে, তুষারমানব হাসে, লম্বা হয়ে দাঁড়িয়ে, মাথা থেকে পা পর্যন্ত গোলাকার!
মাথা থেকে পা পর্যন্ত গোল!
পেঙ্গুইন এদিক ওদিক ঘুরে বেড়াচ্ছে, বরফের উপর দিয়ে হেঁটে যাচ্ছে, সান্তা প্রতিটি ভঙ্গিতে হাসছে, ওহ, এটা খুব সুন্দর লাগছে!
ওহ, এটা তো খুব সুস্বাদু!

Verse 3 / Verso 3
Star pose wide, twinkle bright,
Pose de estrela aberta, brilho cintilante,
Shining in the night,
Brilhando na noite,
Elf tiptoes, light and quick,
Duende na ponta dos pés, leve e rápido,
Keeping gifts in sight!
Mantendo os presentes à vista!
Candy twist, a jolly spin,
Torção doce, uma volta alegre,
Stretching here and there,
Alongando-se aqui e ali,
Yoga keeps us full of joy,
A ioga nos enche de alegria,
With love we'll always share!
Com amor que sempre vamos compartilhar!
Bridge / Ponte – Interactive

🎅 Santa: "Reach up high!" — 👧👦 Kids: "Reach up high!" (stretch arms up)
🎅 Papai Noel: "Estique-se para o alto!" — 👧👦 Crianças: "Estique-se para o alto!" (braços para cima)
🎅 Santa: "Touch your toes!" — 👧👦 Kids: "Touch your toes!" (bend down)
🎅 Papai Noel: "Toque os dedos dos pés!" — 👧👦 Crianças: "Toque os dedos dos pés!" (curvar-se para baixo)
🎅 Santa: "Twist like a pretzel!" — 👧👦 Kids: "Twist like a pretzel!" (twist side to side)
🎅 Papai Noel: "Gire como um pretzel!" — 👧👦 Crianças: "Gire como um pretzel!" (girar de um lado para o outro
🎅 Santa: "Stand like a Christmas tree!" — 👧👦 Kids: "Christmas tree!" (balance on one leg)
🎅 Papai Noel: "Fique como uma árvore de Natal!" — 👧👦 Crianças: "Árvore de Natal!" (equilíbrio em uma perna
🎅 Santa: "Reindeer pose!" — 👧👦 Kids: "Reindeer pose!" (crouch low)
🎅 Papai Noel: "Pose da rena!" — 👧👦 Crianças: "Pose da rena!" (agachar-se)
🎅 Santa: "Snowman pose!" — 👧👦 Kids: "Snowman pose!" (stand tall and round)
🎅 Papai Noel: "Pose do boneco de neve!" — 👧👦 Crianças: "Pose do boneco de neve!" (ficar alto e redondo)

Chorus / Refrão
Oh, Santa Yoga! Santa Yoga!
Oh, Yoga com o Papai Noel! Yoga com o Papai Noel!
Ho ho ho, let's play,
Ho ho ho, vamos brincar,
Reindeer pose and snowman pose,
Pose da rena e pose do boneco de neve,
We'll stretch the night away—hey!
Vamos nos alongar pela noite—êê!
Santa Yoga! Santa Yoga!
Yoga com o Papai Noel! Yoga com o Papai Noel!
Ho ho ho, let's play,
Ho ho ho, vamos brincar,
Yoga keeps our Santa strong
A ioga mantém nosso Papai Noel forte
For Christmas Eve's big day!
Para o grande dia da véspera de Natal!

শ্লোক ৩ / তারার ভঙ্গি প্রশস্ত, ঝিকিমিকি উজ্জ্বল, রাতে জ্বলজ্বল করছে, এলফ টিপটো, হালকা এবং দ্রুত, উপহারগুলিকে দৃষ্টিতে রাখছে!
উপহারগুলো সামনে রেখে!
মিষ্টির মোড়, এক আনন্দময় ঘূর্ণন, এখানে সেখানে টানাটানি, যোগব্যায়াম আমাদের আনন্দে ভরিয়ে রাখে, ভালোবাসার সাথে আমরা সবসময় ভাগ করে নেব!
ভালোবাসা দিয়ে যা আমরা সবসময় ভাগ করে নেব!
ব্রিজ / পন্টে – ইন্টারেক্টিভ

🎅 সান্তা: "উঁচুতে পৌঁছাও!" — 👧👦 বাচ্চারা: "উঁচুতে পৌঁছাও!" (হাত উপরে প্রসারিত করো) 🎅 সান্তা: "উঁচুতে পৌঁছাও!" — 👧👦 বাচ্চারা: "উঁচুতে পৌঁছাও!" (হাত উপরে) 🎅 সান্তা: "তোমার পায়ের আঙ্গুল স্পর্শ করো!" — 👧👦 বাচ্চারা: "তোমার পায়ের আঙ্গুল স্পর্শ করো!" (নিচে বাঁকো) 🎅 সান্তা: "তোমার পায়ের আঙ্গুল স্পর্শ করো!" — 👧👦 বাচ্চারা: "তোমার পায়ের আঙ্গুল স্পর্শ করো!" (নিচে বাঁকো) 🎅 সান্তা: প্রেটজেলের মতো মোচড় দাও!" — 👧👦 বাচ্চারা: "প্রেটজেলের মতো মোচড় দাও!" (এপাশ থেকে ওপাশ ঘুরিয়ে দাও) 🎅 সান্তা: "প্রেটজেলের মতো মোচড় দাও!" — 👧👦 বাচ্চারা: "প্রেটজেলের মতো মোচড় দাও!" (এক পাশ থেকে অন্য পাশে ঘুরুন) 🎅 সান্তা: "ক্রিসমাস ট্রির মতো ড়াও!" — 👧👦 বাচ্চারা: "ক্রিসমাস ট্রি!" (এক পায়ে ভারসাম্য) 🎅 সান্তা: "ক্রিসমাস ট্রির মতো দাঁড়াও!" — 👧👦 বাচ্চারা: "ক্রিসমাস ট্রি!" (এক পায়ে ভারসাম্য) 🎅 সান্তা: "রেইনডিয়ার পোজ!" — 👧👦 বাচ্চারা: "রেইনডিয়ার পোজ!" (নিচু হয়ে শুয়ে

কোরাস / বিরত থাকুন ওহ, পবিত্র যোগ! পবিত্র যোগ!
ওহ, সান্তার সাথে যোগা! সান্তার সাথে যোগা!
হো হো, চলো খেলি, হো হো হো, ভামোস ব্রিঙ্কার, রেইনডিয়ার পোজ এবং স্নোম্যান পোজ, পোজ দা রেনা ই পোজ ডো বোনকো দে নেভ, আমরা রাতটা আরও বাড়িয়ে দেব — হে!
চলো রাত পর্যন্ত সময় কাটাই — হ্যাঁ!
সান্তা যোগা! সান্তা যোগা!
সান্তার সাথে যোগব্যায়াম! সান্তার সাথে যোগব্যায়াম!
া হো হো, চলো খেলি, হো হো হো, চলো খেলি, যোগব্যায়াম আমাদের সান্তাকে শক্তিশালী রাখে যোগব্যায়াম আমাদের সান্তাকে শক্তিশালী রাখে বড়দিনের আগের দিনটির জন্য!
বড়দিনের আগের দিনটির জন্য!

Books By Schaaf

www.BookBySchaaf.com

Bilingual kids books

Paperback, eBooks and Audio

10 minute behind the scenes Podcast on Spotify

Activity guides exclusively in eBooks

Songs exclusively on Audio version

Some books have companion coloring books

Thalia

Spotify

Available at amazon

kindle

ibs.it internet bookshop Italia

lulu

BARNES & NOBLE

BOOKS BY SCHAAF

IngramSpark

Rakuten kobo

www.ingramcontent.com/pod-product-compliance
Lightning Source LLC
LaVergne TN
LVHW082049051026
849532LV00011B/3536